目次

鶴の恩返し

挿絵: ピーター・デイリー
監修: 穴井宰子、池城恵子

昔々《むかしむかし》、ある所《ところ》におじいさんとおばあさんが住《す》んでいました。おじいさんとおばあさんは、貧《まず》しかったけれど、幸《しあわ》せに暮《く》らしていました。

冬《ふゆ》が近《ちか》いある日《ひ》、おじいさんは、いつものように森《もり》へ小枝《こえだ》をとりに行《い》きました。森《もり》の上《うえ》に広《ひろ》がる青《あお》い空《そら》に、一羽《いちわ》の鶴《つる》が大《おお》きく羽《はね》を広《ひろ》げて飛《と》んでいました。

「なんて美《うつく》しい鳥《とり》なんだろう。」

と、おじいさんは鶴《つる》を見《み》ていました。

すると、鶴《つる》は急《きゅう》に「カウカウ《かうかう》」と鳴《な》きながら、畑《はたけ》の方《ほう》へ落《お》ちていきました。おじいさんは、急《いそ》いで畑《はたけ》へ走《はし》って行《い》きました。

畑《はたけ》には鶴《つる》が苦《くる》しそうにもがいています。おじいさんが近寄《ちかよ》ってみると、羽《はね》に矢《や》がささっています。おじいさんは、矢《や》をぬいて、近《ちか》くの小川《おがわ》で傷口《きずぐち》を洗《あら》ってあげました。

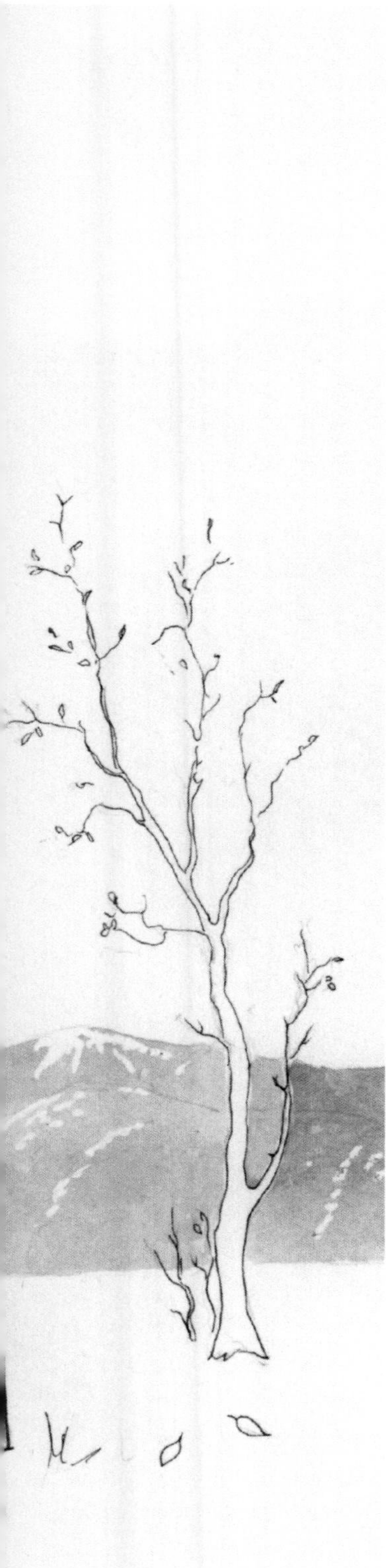

鶴《つる》は、うれしそうにおじいさんの方《ほう》を見《み》てから、空《そら》に舞《ま》い上《あ》がりました。そして、おじいさんの頭《あたま》の上《うえ》をゆっくりと三回《さんかい》まわって、山《やま》の方《ほう》へ飛《と》んで行《い》きました。

おじいさんは、家《いえ》に帰《かえ》って、おばあさんに鶴《つる》のことを話《はな》しました。

「まあ、それはよいことをしましたね。」

と、おばあさんも喜《よろこ》びました。

おじいさんとおばあさんの村《むら》も、冬《ふゆ》になりました。雪《ゆき》が降《ふ》る寒《さむ》い夜《よる》、おじいさんとおばあさんは、囲炉裏《いろり》のそばで夕飯《ゆうはん》を食《た》べていました。

トントン《とんとん》

だれかがおじいさんの家《いえ》の戸《と》を叩《たた》きます。

「だれでしょう。こんな雪《ゆき》の日《ひ》に。」

おばあさんが戸《と》を開《あ》けると、そこには若《わか》い美《うつく》しい娘《むすめ》が立《た》っていました。

「すみません。雪《ゆき》で道《みち》に迷《まよ》ってしまいました。ちょっと休《やす》ませてくださいませんか。」

と、若《わか》い娘《むすめ》は言《い》いました。

「この雪《ゆき》の中《なか》、それはお困《こま》りでしょう。さあ、早《はや》く中《なか》にお入《はい》りなさい。」

と、おばあさんは言《い》いました。

「寒《さむ》かったでしょう。さあ、囲炉裏《いろり》の側《そば》で温《あたた》まりなさい。」

と、おじいさんも言《い》いました。

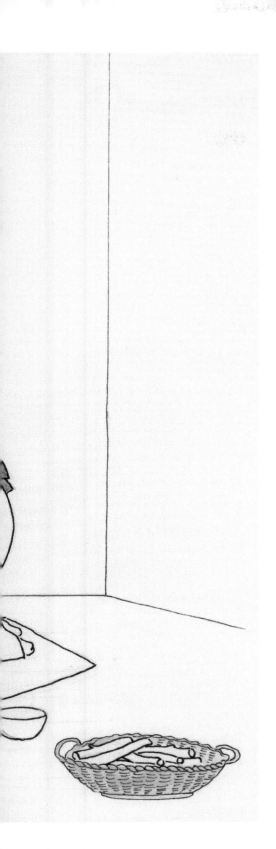

次《つぎ》の日《ひ》も、また、その次《つぎ》の日《ひ》も、雪《ゆき》は降《ふ》り続《つづ》きました。娘《むすめ》は、おじいさんとおばあさんの家《いえ》でご飯《はん》を作《つく》ったり、手伝《てつだ》いをしたりしていました。娘《むすめ》の話《はなし》では、娘《むすめ》には家《いえ》もなく、家族《かぞく》もいないそうです。おじいさんとおばあさんは、娘《むすめ》に

「それでは、ずっとこの家《いえ》にいたら？」

と言《い》いました。娘《むすめ》は、とても喜《よろこ》んで、それから三人《さんにん》で暮《く》らすようになりました。

おじいさんの家《いえ》には、古い機織《はたお》り機《き》がありました。ある日《ひ》、娘《むすめ》は機織《はたお》り機《き》をじっと見《み》ていました。

おじいさんに
「私《わたし》は、これで布《ぬの》を織《お》ります。
おじいさん、糸《いと》を買《か》って来《き》て
ください。」
と言《い》いました。
おじいさんは、町《まち》へ行《い》って、
糸《いと》を買《か》って来《き》ました。色《いろ》とり
どりの糸《いと》を見《み》て、娘《むすめ》は、
とてもうれしそうでした。

「おじいさん、おばあさん、私《わたし》は、今《いま》から布《ぬの》を織《お》りますが、一《ひと》つお願《ねが》いがあります。私《わたし》が布《ぬの》を織《お》っているときは、決《けっ》して部屋《へや》の中《なか》を見《み》ないでください。約束《やくそく》してくださいね。」

そう言《い》って、娘《むすめ》は、機織《はたお》りの部屋《へや》に入《はい》っていきました。

キートントン、キートントン《きーとんとん、きーとんとん》

布《ぬの》を織《お》る音《おと》が聞《き》こえます。

夜《よる》になっても、音《おと》は続《つづ》きます。

キートントン、キートントン《きーとんとん、きーとんとん》

次《つぎ》の日《ひ》も、布《ぬの》を織《お》る音《おと》は続《つづ》きます。

キートントン、キートントン《きーとんとん、きーとんとん》

三日目《みっかめ》の朝《あさ》、やっと音《おと》が止《と》まりました。

娘《むすめ》は、美《うつく》しい布《ぬの》を持《も》って、部屋《へや》から出《で》てきました。

「まあ、すばらしい。こんなきれいな布《ぬの》は見《み》たことがありません。」

と、おばあさんは驚《おどろ》きました。

おじいさんは、町《まち》へ娘《むすめ》の布《ぬの》を売《う》りに行《い》きました。布《ぬの》はとても高《たか》く売《う》れました。おじいさんは、そのお金《かね》でお米《こめ》や魚《さかな》を買《か》って帰《かえ》りました。おじいさんとおばあさんは、とても喜《よろこ》びました。二人《ふたり》のうれしそうな顔《かお》を見《み》て、娘《むすめ》も喜《よろこ》びました。

次《つぎ》の朝《あさ》、娘《むすめ》は、また布《ぬの》を織《お》ると言《い》って、機織《はたお》りの部屋《へや》に入《はい》っていきました。
キートントン、キートントントン《きーとんとん、きーとんとんとん》
三日目《みっかめ》の朝《あさ》、音《おと》が止《と》まり、娘《むすめ》は、また美《うつく》しい布《ぬの》を持《も》って、部屋《へや》から出《で》てきました。でも、娘《むすめ》は元気《げんき》がなく、すっかりやせていました。

その次《つぎ》の日《ひ》、娘《むすめ》は、また布《ぬの》を織《お》ると言《い》いました。


「だめですよ。」

「今日《きょう》は、ゆっくり休《やす》みなさい。」

おじいさんとおばあさんは、娘《むすめ》を心配《しんぱい》して言《い》いました。でも、娘《むすめ》は、

「これが最後《さいご》ですから…。」

と言《い》って、隣《となり》の部屋《へや》に入《はい》ってしまいました。布《ぬの》を織《お》る音《おと》が聞《き》こえてきました。

音《おと》は、小《ちい》さくなったり、時々止《ときどきと》まったりします。おじいさんとおばあさんは、心配《しんぱい》で、
心配《しんぱい》で、とうとう部屋《へや》の戸《と》をそっと開《あ》けて、中《なか》を見《み》ました。

「あっ！」

部屋《へや》の中《なか》では、一羽《いちわ》の鶴《つる》が、長《なが》いくちばしで、一本《いっぽん》、また一本《いっぽん》と、羽《はね》をぬきながら、布《ぬの》を織《お》っていました。

おじいさんとおばあさんに気《き》がついて、鶴《つる》は、悲《かな》しそうに、おじいさんとおばあさんを見《み》ました。

そして、娘《むすめ》の姿《すがた》になって言《い》いました。

「私《わたし》は、おじいさんに助《たす》けてもらった鶴《つる》です。お礼《れい》がしたくて、娘《むすめ》になって、おじいさんとおばあさんの家《いえ》に来《き》ました。でも、鶴《つる》の姿《すがた》を見《み》られたので、もう一緒《いっしょ》に住《す》むことはできません。」

娘《むすめ》は、外《そと》に出《で》て、鶴《つる》になって、空《そら》に舞《ま》い上《あ》がりました。そして、おじいさんとおばあさんの家《いえ》の上《うえ》を、ゆっくりと三回《さんかい》まわってから、東《ひがし》の方《ほう》に飛《と》んで行《い》きました。

さようなら。

おじいさんとおばあさんは、鶴《つる》の飛《と》んで行《い》った山《やま》の方《ほう》を、いつまでも、いつまでも見《み》ていました。

牛若丸

挿絵: チバコウタロウ
監修: 穴井宰子、池城恵子

源《みなもとの》義経《よしつね》は、一一五九年《せんひゃくごじゅうきゅうねん》に京都《きょうと》で生《う》まれました。子《こ》どもの時《とき》の名前《なまえ》を、牛若丸《うしわかまる》といいました。

第一話《だいいちわ》　鞍馬山《くらまやま》

牛若丸《うしわかまる》は、母《はは》と暮《く》らしていましたが、七歳《ななさい》の時《とき》、京都《きょうと》の近《ちか》くの鞍馬山《くらまやま》の寺《てら》に送《おく》られることになりました。

「どうしてお母様《かあさま》と一緒《いっしょ》にいてはいけないのですか。」

小《ち》さい牛若丸《うしわかまる》にはわかりませんでした。母《はは》は、

「これはお父様《とうさま》の大切《たいせつ》な笛《ふえ》です。寂《さび》しい時《とき》は、この笛《ふえ》を吹《ふ》きなさい。」

と言《い》って、牛若丸《うしわかまる》に笛《ふえ》を渡《わた》しました。

牛若丸《うしわかまる》は、鞍馬山《くらまやま》の険《けわ》しい山道《やまみち》を何度《なんど》も転《ころ》びながら、山寺《やまでら》へ歩《ある》きました。

それから四年《よねん》、牛若丸《うしわかまる》は、お坊《ぼう》さんになるために、山寺《やまでら》で勉強《べんきょう》していました。

「牛若丸様《うしわかまるさま》、牛若丸様《うしわかまるさま》。」

ある夜《よ》、牛若丸《うしわかまる》が本《ほん》を読《よ》んでいると、暗《くら》い庭《にわ》から声《こえ》がします。牛若丸《うしわかまる》が声《こえ》の方《ほう》を見《み》ると、男《おとこ》が座《すわ》っていました。男《おとこ》は牛若丸《うしわかまる》を

「源義朝《みなもとのよしとも》のお子様《こさま》、牛若丸様《うしわかまるさま》。」

と呼《よ》んで、深《ふか》くおじぎをして、話《はな》し始《はじ》めました。

牛若丸《うしわかまる》が生《う》まれたころ、日本《にほん》では、源氏《げんじ》と平氏《へいし》という二《ふた》つの家族《かぞく》が戦《たたか》っていましたが、一一五九年《せんひゃくごじゅうきゅうねん》、平治《へいじ》の乱《らん》という戦《たたか》いで、源氏《げんじ》は平氏《へいし》に負《ま》けてしまいました。牛若丸《うしわかまる》の父《ちち》は、その源氏《げんじ》の大将《たいしょう》、源義朝《みなもとのよしとも》でした。父《ちち》は戦《たたか》いに負《ま》けて殺《ころ》されてしまい、源氏《げんじ》の侍《さむらい》も、日本《にほん》のあちらこちらに逃《に》げて行《い》きました。

牛若丸《うしわかまる》の兄弟《きょうだい》は、殺《ころ》されませんでしたが、遠《とお》くの島《しま》や山寺《やまでら》に送《おく》られました。牛若丸《うしわかまる》は、赤《あか》ちゃんでしたから、母《はは》と一緒《いっしょ》に暮《く》らすことができました。しかし、牛若丸《うしわかまる》も七歳《ななさい》の時《とき》に山寺《やまでら》へ

送《おく》られたのです。

牛若丸《うしわかまる》は、初《はじ》めて、父《ちち》や兄《あに》のこと、源氏《げんじ》のことを聞《き》いて、大変《たいへん》おどろきました。そして、

「強《つよ》くなりたい。強《つよ》くなって、兄《あに》といっしょに平氏《へいし》を倒《たお》すのだ。」と決心《けっしん》しました。

その次《つぎ》の日《ひ》の夜《よる》、天狗《てんぐ》の面《めん》をつけた人《ひと》たちが、牛若丸《うしわかまる》の前《まえ》に現《あらわ》れました。天狗《てんぐ》は、山《やま》の中《なか》に住《す》んでいて、顔《かお》が赤《あか》く、鼻《はな》が長《なが》く、いつもうちわを持《も》っています。空《そら》を飛《と》ぶことができ、剣術《けんじゅつ》がとても強《つよ》いのです。

天狗《てんぐ》たちは、「それっ！」と牛若丸《うしわかまる》にかかってきます。牛若丸《うしわかまる》は刀《かたな》を振《ふ》り回《まわ》しますが、なかなか天狗《てんぐ》にあたりません。天狗《てんぐ》は大勢《おおぜい》いて、次《つぎ》から次《つぎ》へと牛若丸《うしわかまる》にかかってきます。牛若丸《うしわかまる》が疲《つか》れて、動《うご》きが止《と》まると、天狗《てんぐ》は、うちわで牛若丸《うしわかまる》の刀《かたな》を叩《たた》き落《お》とし、大《おお》きな声《こえ》で笑《わら》って、山《やま》の中《なか》へ消《き》えていきました。

次《つぎ》の夜《よる》も、天狗《てんぐ》たちは現《あらわ》れました。その次《つぎ》の夜《よる》も、またその次《つぎ》の夜《よる》も。牛若丸《うしわかまる》は、天狗《てんぐ》を相手《あいて》に、毎晩険《まいばんけわ》しい山道《やまみち》を走《はし》り回《まわ》って、剣術《けんじゅつ》の練習《れんしゅう》をしました。牛若丸《うしわかまる》は、だんだん剣術《けんじゅつ》が強《つよ》くなっていきました。

それから四年《よねん》、牛若丸《うしわかまる》は十五歳《じゅうごさい》の時《とき》、平氏《へいし》を倒《たお》すために、山寺《やまでら》を出《で》て京都《きょうと》に行《い》きました。

第二話《だいにわ》　五条大橋《ごじょうおおはし》

そのころ京都《きょうと》では、夜《よる》になると、五条大橋《ごじょうおおはし》に大男《おおおとこ》が出《で》てきて、侍《さむらい》から刀《かたな》を奪《うば》っていました。大男《おおおとこ》は、これまでに侍《さむらい》を九百九十九人《きゅうひゃくきゅうじゅうきゅうにん》倒《たお》し、刀《かたな》を九百九十九本《きゅうひゃくきゅうじゅうきゅうほん》奪《うば》っていました。京都《きょうと》の人《ひと》は、怖《こわ》くて、夜《よる》は誰《だれ》も橋《はし》の近《ちか》くに行《い》きませんでした。

それは、月《つき》が明《あか》るい夜《よる》でした。大男《おおおとこ》は、

「あと一本刀《いっぽんかたな》を奪《うば》えば、千本《せんぼん》だ。」

と、橋《はし》の下《した》で、侍《さむらい》を待《ま》っていました。そこへ、橋《はし》の向《む》こうから牛若丸《うしわかまる》がゆっくり歩《ある》いて来《き》ました。頭《あたま》からきれいな薄《うす》い布《ぬの》をかぶり、笛《ふえ》を吹《ふ》いています。

「なんだ、子《こ》どもか。いや、女《おんな》か。」

と、大男《おおおとこ》はがっかりしました。

その時《とき》、きれいな薄《うす》い布《ぬの》の下《した》から刀《かたな》が見《み》えました。刀《かたな》を見《み》て、大男《おおおとこ》は、牛若丸《うしわかまる》の前《まえ》に飛《と》び出《だ》しました。

牛若丸《うしわかまる》は立《た》ち止《ど》まりました。笛《ふえ》を吹《ふ》くのをやめて、ゆっくり男《おとこ》を見上《みあ》げました。

大男《おおおとこ》は長刀《なぎなた》を持《も》っています。大男《おおおとこ》は、牛若丸《うしわかまる》の前《まえ》に大《おお》きく足《あし》を広《ひろ》げて立《た》ち、長刀《なぎなた》で
ドン《どん》と橋《はし》を叩《たた》きました。

「やい、その刀《かたな》をわたせ。」

牛若丸《うしわかまる》は、薄《うす》い布《ぬの》をパッ《ぱっ》と空《そら》に投《な》げて、言《い》いました。

「おまえが刀泥棒《かたなどろぼう》か。悪《わる》いことはもうやめなさい。」

「だまれ、刀《かたな》をわたさないなら、取《と》り上《あ》げてやる。」

大男《おおおとこ》は、長《なが》い長刀《なぎなた》を高《たか》く振《ふ》り上《あ》げて、牛若丸《うしわかまる》の頭《あたま》の上《うえ》に振《ふ》り下《お》ろしました。牛若丸《うしわかまる》は、ひらりと横《よこ》に飛《と》びました。

大男《おおおとこ》は、長刀《なぎなた》を振《ふ》り回《まわ》して、牛若丸《うしわかまる》に切《き》りかかってきます。牛若丸《うしわかまる》は、大男《おおおとこ》の前《まえ》から後《うし》ろに、右《みぎ》から左《ひだり》に、飛《と》ぶように動《うご》きます。大男《おおおとこ》が長刀《なぎなた》を振《ふ》り上《あ》げようとした時《とき》、急《きゅう》に、牛若丸《うしわかまる》が見《み》えなくなりました。大男《おおおとこ》があたりを見回《みまわ》していると、牛若丸《うしわかまる》が空《そら》から舞《ま》い降《お》りてきて、扇《おうぎ》で大男《おおおとこ》の長刀《なぎなた》を叩《たた》き落《お》としました。牛若丸《うしわかまる》は、長刀《なぎなた》の上《うえ》に立《た》って、言《い》いました。

「参《まい》ったか。」

「参《まい》りました。」

「もう二度《にど》と悪《わる》いことはするな。」

と言《い》って、牛若丸《うしわかまる》は歩《ある》き始《はじ》めました。

「待《ま》ってください。私《わたし》を家来《けらい》にしてください。」
大男《おおおとこ》は、牛若丸《うしわかまる》の前《まえ》に座《すわ》って言《い》いました。

大男《おおおとこ》の名前《なまえ》は、武蔵坊弁慶《むさしぼうべんけい》といいました。弁慶《べんけい》は、この時《とき》から、牛若丸《うしわかまる》の家来《けらい》となって、いつも牛若丸《うしわかまる》のそばにいました。

この後《あと》、牛若丸《うしわかまる》は、義経《よしつね》と名前《なまえ》を変《か》えて、兄《あに》、頼朝《よりとも》のところへ行《い》きました。そして、一一八五年《せんひゃくはちじゅうごねん》に、源氏《げんじ》の兄弟《きょうだい》は、とうとう平氏《へいし》を倒《たお》しました。

雪の女王

挿絵: ナンシー・レーン
監修: 穴井宰子、池城恵子

第一話《だいいちわ》　悪魔《あくま》の鏡《かがみ》

昔々《むかしむかし》、悪魔《あくま》の学校《がっこう》がありました。生徒《せいと》たちは、立派《りっぱ》な悪魔《あくま》になるために勉強《べんきょう》していました。ある日《ひ》、悪魔《あくま》の先生《せんせい》が大きな鏡《かがみ》を作《つく》りました。それは、美《うつく》しいものを醜《みにく》く映《うつ》し、醜《みにく》いものは、もっともっと醜《みにく》く映《うつ》しました。悪魔《あくま》の先生《せんせい》は、

「おもしろい鏡《かがみ》ができた。」

と喜《よろこ》びました。生徒《せいと》たちがこの鏡《かがみ》を見《み》て、

「わあ、これはすごい。」

「魔法《まほう》の鏡《かがみ》だ。」

と、大騒《おおさわ》ぎになりました。

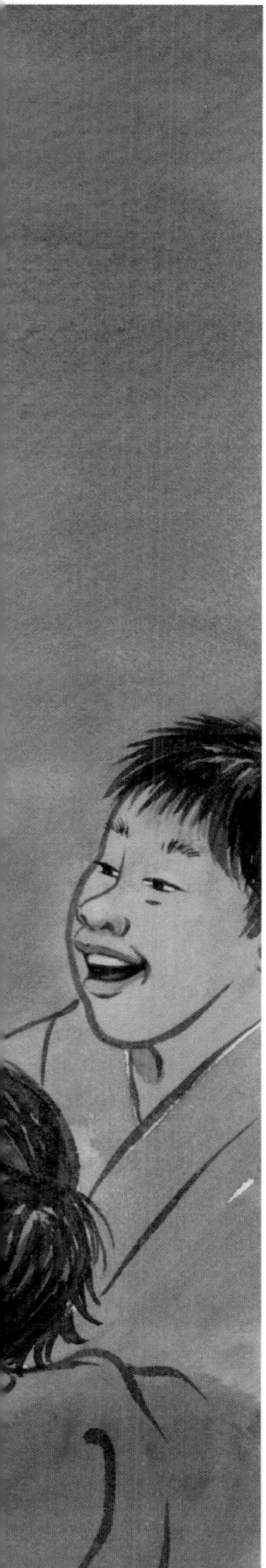

「そうだ、これで天使《てんし》たちをからかってやろう。」

と、誰《だれ》かが言《い》いました。そして、みんなで鏡《かがみ》を持《も》ち出《だ》して、空高《そらたか》く運《はこ》んでいきました。鳥《とり》よりも、雲《くも》よりも、ずっとずっと高《たか》く飛《と》んでいきました。ところが、鏡《かがみ》はとても重《おも》かったので、生徒《せいと》たちは疲《つか》れて、手《て》をすべらせてしまいました。鏡《かがみ》はどんどん落《お》ちていって、時計塔《とけいとう》のてっぺんに当《あ》たって、粉々《こなごな》になってしまいました。そして、小《ちい》さな鏡《かがみ》のかけらが、あちらこちらに飛《と》び散《ち》って、人《ひと》の目《め》や心《こころ》に刺《さ》さりました。

すると、どうでしょう。鏡《かがみ》のかけらが目《め》に刺《さ》さると、人《ひと》も物《もの》も醜《みにく》く見《み》えました。鏡《かがみ》のかけらが心《こころ》に刺《さ》さると、その人《ひと》は、氷《こおり》のように冷《つめ》たい心《こころ》になりました。そして、悪《わる》いことを言《い》ったり、けんかを始《はじ》めたりしました。悪魔《あくま》の生徒《せいと》たちは、それを見《み》て、

「おもしろい。おもしろい。」

と、とても喜《よろこ》びました。

第二話《だいにわ》　カイ《かい》とゲルダ《げるだ》

ある町《まち》に、二人《ふたり》の子《こ》どもが住《す》んでいました。男《おとこ》の子《こ》の名前《なまえ》はカイ《かい》、女《おんな》の子《こ》の名前《なまえ》はゲルダ《げるだ》といいました。二人《ふたり》は、とても仲良《なかよ》しで、いつも一緒《いっしょ》に遊《あそ》びました。カイ《かい》とゲルダ《げるだ》の家《いえ》の間《あいだ》には、小《ちい》さな庭《にわ》がありました。二人《ふたり》は、春《はる》は、庭《にわ》で花《はな》を摘《つ》んで、首飾《くびかざ》りを作《つく》ったり、夏《なつ》は、水遊《みずあそ》びをしたりしました。秋《あき》には、森《もり》へ行《い》って、赤《あか》や黄色《きいろ》の落《お》ち葉《ば》を集《あつ》めました。冬《ふゆ》は、家《いえ》の中《なか》で絵《え》を描《か》いたり、ゲルダ《げるだ》のおばあさんのお話《はなし》を聞《き》いたりしました。

ある夏《なつ》の日《ひ》、二人《ふたり》は、庭《にわ》で遊《あそ》んでいました。急《きゅう》にカイ《かい》が、

「あっ、痛《いた》い！　目《め》に何《なに》か入《はい》った。胸《むね》もちくりとする。」

と言《い》って、うずくまりました。

「どうしたの。」

ゲルダ《げるだ》はカイ《かい》の側《そば》に行《い》きました。すると、カイ《かい》は、怖《こわ》い顔《かお》でゲルダ《げるだ》を見上《みあ》げて、ゲルダ《げるだ》を突《つ》き飛《と》ばしました。

「何《なに》を見《み》てるんだよ。何《なん》だ、こんな汚《きたな》い花《はな》。」

と言《い》って、庭《にわ》の花《はな》をちぎって、踏《ふ》みました。そして、ゲルダ《げるだ》に、

「おまえなんか嫌《きら》いだ。あっちへ行《い》け。」

と言《い》いました。

あの魔法《まほう》の鏡《かがみ》のかけらが、カイ《かい》の目《め》と心《こころ》に刺《さ》さったのです。でも、二人《ふたり》には、それがわかりません。

ゲルダ《げるだ》は、

「カイ《かい》は、本当《ほんとう》に、私《わたし》のことが嫌《きら》いになってしまったのかしら。」

と思《おも》って、悲《かな》しくなりました。

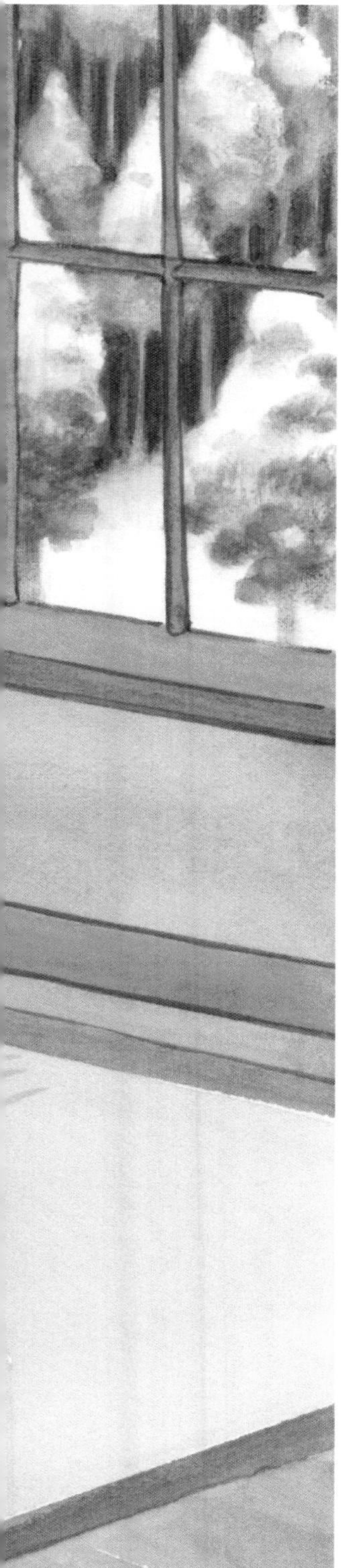

鏡《かがみ》のかけらが刺《さ》さってから、カイ《かい》は、何《なに》をしても、何《なに》を見《み》ても、楽《たの》しくありませんでした。カイ《かい》は、悪《わる》い子《こ》になってしまいました。

冬《ふゆ》になりました。外《そと》は雪《ゆき》が降《ふ》っていました。カイ《かい》とゲルダ《げるだ》は、おばあさんのお話《はなし》を聞《き》いていました。おばあさんは、

「冬《ふゆ》の間《あいだ》は、絶対《ぜったい》に森《もり》に行《い》ってはいけないよ。怖《こわ》い雪《ゆき》の女王《じょおう》が森《もり》に来《く》るからね。」

と言《い》いました。ゲルダ《げるだ》は、

「まあ、怖《こわ》い。絶対《ぜったい》に、森《もり》には行《い》かないわ。」

と、おばあさんと約束《やくそく》しました。でも、カイ《かい》は、何《なに》も言《い》わないで、森《もり》の方《ほう》を、じっと見《み》ていました。

第三話《だいさんわ》　雪《ゆき》の女王《じょおう》

次《つぎ》の日《ひ》、カイ《かい》は、一人《ひとり》で森《もり》へ行《い》きました。森《もり》は、雪《ゆき》で真《ま》っ白《しろ》です。暗《くら》い森《もり》の中《なか》は静《しず》かで、冷《つめ》たい風《かぜ》が吹《ふ》いてきます。カイ《かい》は、雪《ゆき》を蹴《け》って、

「何《なん》だ。こんな森《もり》、大嫌《だいきら》いだ。」

と言《い》いました。すると、急《きゅう》に後《うし》ろから声《こえ》がしました。

「それなら、私《わたし》と一緒《いっしょ》においで。」

カイ《かい》は、驚《おどろ》いて、振《ふ》り返《かえ》りました。そこには、背《せ》の高《たか》い女《おんな》の人《ひと》が立《た》っていました。女《おんな》の人《ひと》は、真《ま》っ白《しろ》い毛皮《けがわ》の帽子《ぼうし》をかぶって、真《ま》っ白《しろ》いコート《こーと》を着《き》ています。氷《こおり》のそりの前《まえ》に、白《しろ》いトナカイ《となかい》が二頭《にとう》立《た》っています。

「あっ、雪《ゆき》の女王《じょおう》。」

雪《ゆき》が降《ふ》り始《はじ》めました。雪《ゆき》の女王《じょおう》は、そりに乗《の》って、カイ《かい》を呼《よ》びました。カイ《かい》がそりに乗《の》ると、雪《ゆき》の女王《じょおう》は、すぐにそりを走《はし》らせました。最初《さいしょ》は、ゆっくり、そして、だんだん速《はや》く。

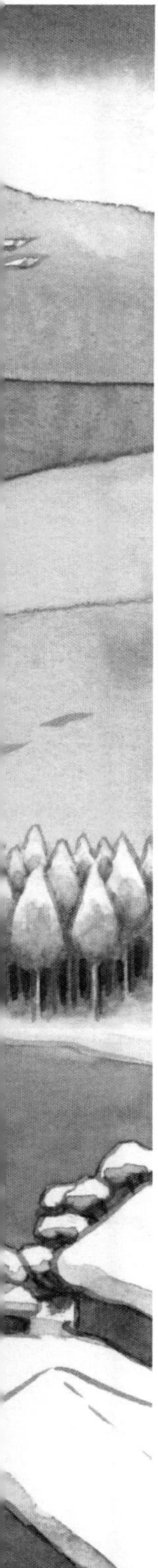

カイ《かい》は、寒《さむ》くて、震《ふる》えていました。雪《ゆき》の女王《じょおう》は、

「おや、寒《さむ》いのかい。じゃ、ここにお入《はい》り。」

と言《い》って、自分《じぶん》のコート《こーと》の中《なか》にカイ《かい》を入《い》れました。すると、カイ《かい》は、もう寒《さむ》くなくなりました。

雪《ゆき》がどんどん降《ふ》って、吹雪《ふぶき》になりました。まわりは真《ま》っ白《しろ》で、カイ《かい》は、自分《じぶん》がどこにいるのかわかりません。

「どこに行《い》くんだろう。」

しばらくして、雪《ゆき》がやみました。そりは、空《そら》を飛《と》んでいました。そりは、小《ちい》さな町《まち》の上《うえ》を、大《おお》きな町《まち》の上《うえ》を、森《もり》の上《うえ》を、湖《みずうみ》の上《うえ》を、飛《と》んでいきました。

カイ《かい》は、雪《ゆき》の女王《じょおう》の真《ま》っ白《しろ》い顔《かお》を見上《みあ》げて、

「なんて美《うつく》しい人《ひと》だろう。」

と思《おも》いました。カイ《かい》は、ゲルダ《げるだ》のことも、二人《ふたり》の庭《にわ》のことも、町《まち》のことも忘《わす》れて、雪《ゆき》の女王《じょおう》と、遠《とお》い遠《とお》い所《ところ》に行《い》ってしまいました。

ゲルダ《げるだ》は、毎日《まいにち》カイ《かい》を待《ま》っていました。でも、カイ《かい》は帰《かえ》ってきません。ゲルダ《げるだ》は、カイ《かい》を探《さが》しに行《い》くことにしました。ゲルダ《げるだ》の旅《たび》が、今《いま》、始《はじ》まります。

廃寺の謎

作: 高崎晋介
挿絵: パナ・スタモス
監修: 穴井宰子

「最近《さいきん》、変《へん》な電話《でんわ》がかかるんだ。」

京平《きょうへい》は、言《い》いました。まわりには学生《がくせい》がたくさんいて賑《にぎ》やかです。夏希《なつき》は、カフェラテ《かふぇらて》を飲《の》んでいます。翔太《しょうた》は、カレーライス《かれーらいす》のお皿《さら》から丸《まる》い顔《かお》を上《あ》げました。お昼《ひる》は、いつも三人《さんにん》で大学《だいがく》近《ちか》くのカフェ《かふぇ》『菜《な》の花《はな》』に行《い》くことになっているのです。

「どうしたの？」

「電話《でんわ》に出《で》ると、誰《だれ》かが小《ちい》さい声《こえ》で泣《な》いているんだよ。」

「何《なに》、それ。気持《きも》ち悪《わる》い。」

夏希《なつき》は、めがねを押《お》さえて、カフェラテ《かふぇらて》に砂糖《さとう》を入《い》れました。

「でも、毎日《まいにち》かかってくるんだ。気味《きみ》が悪《わる》いよ。」

京平《きょうへい》は、声《こえ》を低《ひく》くして、箸《はし》を置《お》きました。その日《ひ》は朝《あさ》から気《き》が晴《は》れませんでした。風邪《かぜ》を引《ひ》いたらしく、体《からだ》も重《おも》かったのです。

「ご飯《はん》、もう食《た》べないの？」

細《ほそ》い目《め》を開《ひら》いて翔太《しょうた》が聞《き》きました。

「だめ。食《た》べる気《き》がしない。」

「もったいないから、僕《ぼく》が食《た》べるよ。」

翔太《しょうた》は、京平《きょうへい》と自分《じぶん》のお皿《さら》をかえました。

「ねえ、それより、今読《いまよ》んでる小説《しょうせつ》の中《なか》に出《で》てくる廃寺《はいじ》が、この大学《だいがく》の近《ちか》くにあるんだ。行《い》ってみない？」

カフェラテ《かふぇらて》をスプーン《すぷーん》でかき混《ま》ぜなら、夏希《なつき》が言《い》いました。

「は・い・じ、って？」

口《くち》を忙《いそが》しく動《うご》かしながら、翔太《しょうた》が聞《き》きました。

「古《ふる》くて、壊《こわ》れてしまったお寺《てら》のことよ。ねえ、行《い》ってみよう。」

その廃寺《はいじ》は、大学《だいがく》から三《み》つ目《め》の駅《えき》を降《お》りて、狭《せま》い道《みち》を歩《ある》いた所《ところ》にありました。杉《すぎ》の林《はやし》の中《なか》、暗《くら》い道《みち》に破《やぶ》れた提灯《ちょうちん》が並《なら》んでいます。冷《つめ》たい石《いし》の階段《かいだん》を登《のぼ》った所《ところ》に廃寺《はいじ》はありました。小《ちい》さいけれど、昔《むかし》は立派《りっぱ》なお寺《てら》だったのでしょう。入《い》り口《ぐち》には、『円秋寺《えんしゅうじ》』と書《か》いてありました。

「うん、やっぱり。」

夏希《なつき》は地図《ちず》を広《ひろ》げて言《い》いました。門《もん》に「お寺《てら》売《う》ります」と書《か》いてありました。

「すみません。誰《だれ》かいますか。」

京平《きょうへい》は、重《おも》い戸《と》を開《あ》けました。すると、暗《くら》いお寺《てら》の中《なか》から、強《つよ》い風《かぜ》が三人《さんにん》の顔《かお》に吹《ふ》きつけました。まっ黒《くろ》いカラス《からす》が二《に》、三羽《さんば》、飛《と》び出《で》てきました。

「わああ。」

翔太《しょうた》は、思《おも》わず倒《たお》れてしまいました。カラス《からす》もびっくりして、空《そら》へ消《き》えていきました。

西日《にしび》が杉《すぎ》の木《き》の後《うし》ろに隠《かく》れて、あたりは暗《くら》くなりました。

「ねえ、帰《かえ》ろうよ。」

と、翔太《しょうた》が言《い》いました。

「何《なん》だよ。中《なか》に入《はい》ってみようよ。」

京平《きょうへい》が、息《いき》を飲《の》んで言《い》いました。

「変《へん》ね。写真《しゃしん》が撮《と》れない。」

夏希《なつき》が言《い》いました。京平《きょうへい》は、自分《じぶん》の顔色《かおいろ》が青白《あおじろ》くなっていくのがわかりました。それでも勇気《ゆうき》を出《だ》して、お寺《てら》の中《なか》に足《あし》を入《い》れました。すると、京平《きょうへい》の耳《みみ》に暖《あたた》かい風《かぜ》が入《はい》ってきました。京平《きょうへい》の背《せ》に冷《つめ》たい空気《くうき》が走《はし》りました。

「うわあああ。」

三人《さんにん》はわけがわからなくなって、走《はし》り出《だ》しました。

気《き》がついたら、三人《さんにん》はお寺《てら》の墓地《ぼち》にいました。先週《せんしゅう》の台風《たいふう》で、墓地《ぼち》はあれていました。茶色《ちゃいろ》い葉《は》っぱや、汚《よご》れた靴下《くつした》や帽子《ぼうし》が落《お》ちていました。花《はな》は枯《か》れて、割《わ》れた茶碗《ちゃわん》がたくさんありました。どこから何《なに》が出《で》てくるかわかりません。三人《さんにん》は、ゆっくり歩《ある》きました。後《うし》ろの方《ほう》で、ばりばりと音《おと》がします。翔太《しょうた》は、夏希《なつき》のバッグ《ばっぐ》をつかみました。その時《とき》、京平《きょうへい》の電話《でんわ》が鳴《な》りました。しくしくと泣《な》く声《こえ》がします。電源《でんげん》を切《き》っても、また電話《でんわ》がかかってきます。夏希《なつき》の携帯電話《けいたいでんわ》の画面《がめん》が、ぼうっと光《ひか》りました。三人《さんにん》は出口《でぐち》を探《さが》して歩《ある》きまわりました。京平《きょうへい》の電話《でんわ》は鳴《な》り続《つづ》けています。翔太《しょうた》は「帰《かえ》ろう、帰《かえ》ろう。」と何度《なんど》も繰《く》り返《かえ》しました。

しばらく歩《ある》いて、三人《さんにん》はやっと墓地《ぼち》から出《で》ることができました。そこは小《ちい》さな庭《にわ》でした。黄色《きいろ》い花《はな》が、かわいらしく咲《さ》いていました。電話《でんわ》が止《と》まって、京平《きょうへい》の体《からだ》は、少《すこ》し軽《かる》くなりました。夏希《なつき》は、めがねを押《お》さえて言《い》いました。りんごの木《き》の下《した》に、小《ちい》さな石《いし》の像《ぞう》が倒《たお》れていたのです。

「お地蔵様《じぞうさま》ね。小《ちい》さいから、水子《みずこ》かしら。」

「み・ず・こ、って?」

翔太《しょうた》が聞《き》きました。

「この世界《せかい》に生《う》まれて来《き》たかったのだけど、生《う》まれる前《まえ》に死《し》んでしまった赤《あか》ちゃんのことよ。」

三人《さんにん》は地蔵《じぞう》の顔《かお》を見《み》ました。その顔《かお》はとても寂《さび》しそうでした。

「おいしいご飯《はん》も食《た》べたかったでしょうね。」

夏希《なつき》のその言葉《ことば》が京平《きょうへい》を強《つよ》く打《う》ちました。京平《きょうへい》は、大《おお》きく息《いき》を吸《す》って、言《い》いました。

「みんなで起《お》こしてあげよう。」

三人《さんにん》は倒《たお》れた水子地蔵《みずこじぞう》を、もとに戻《もど》しました。それから、京平《きょうへい》は持《も》っていたジュース《じゅーす》を水子地蔵《みずこじぞう》の前《まえ》に置《お》きました。夏希《なつき》は、バッグ《ばっぐ》からりんごを出《だ》して置《お》きました。翔太《しょうた》は、何《なに》もなかったので、電車《でんしゃ》の切符《きっぷ》を置《お》きました。三人《さんにん》は、静《しず》かに手《て》を合《あ》わせました。すると、もう怖《こわ》くなくなりました。

廃寺《はいじ》を出《で》た頃《ころ》は、すっかり暗《くら》くなっていました。

次《つぎ》の日《ひ》、三人《さんにん》は、『菜《な》の花《はな》』で、お昼《ひる》を食《た》べていました。元気《げんき》になった京平《きょうへい》は、翔太《しょうた》と一緒《いっしょ》に、カレーライス《かれーらいす》とフライドチキン《ふらいどちきん》を食《た》べました。

数ヶ月後《すうかげつご》、廃寺《はいじ》は全部壊《ぜんぶこわ》され、大《おお》きな薬屋《くすりや》が建《た》ちました。三人《さんにん》は、薬屋《くすりや》を見《み》に行《い》きました。墓地《ぼち》があったところは、駐車場《ちゅうしゃじょう》になっていました。駐車場《ちゅうしゃじょう》の端《はし》には、あの水子地蔵《みずこじぞう》が立《た》っていました。水子地蔵《みずこじぞう》の前《まえ》には、ご飯《はん》とジュース《じゅーす》が置《お》いてありました。三人《さんにん》は、安心《あんしん》して、薬屋《くすりや》を後《あと》にしました。

その後《あと》、京平《きょうへい》に、もうあの電話《でんわ》は、かかってきませんでした。

雷門のねこ

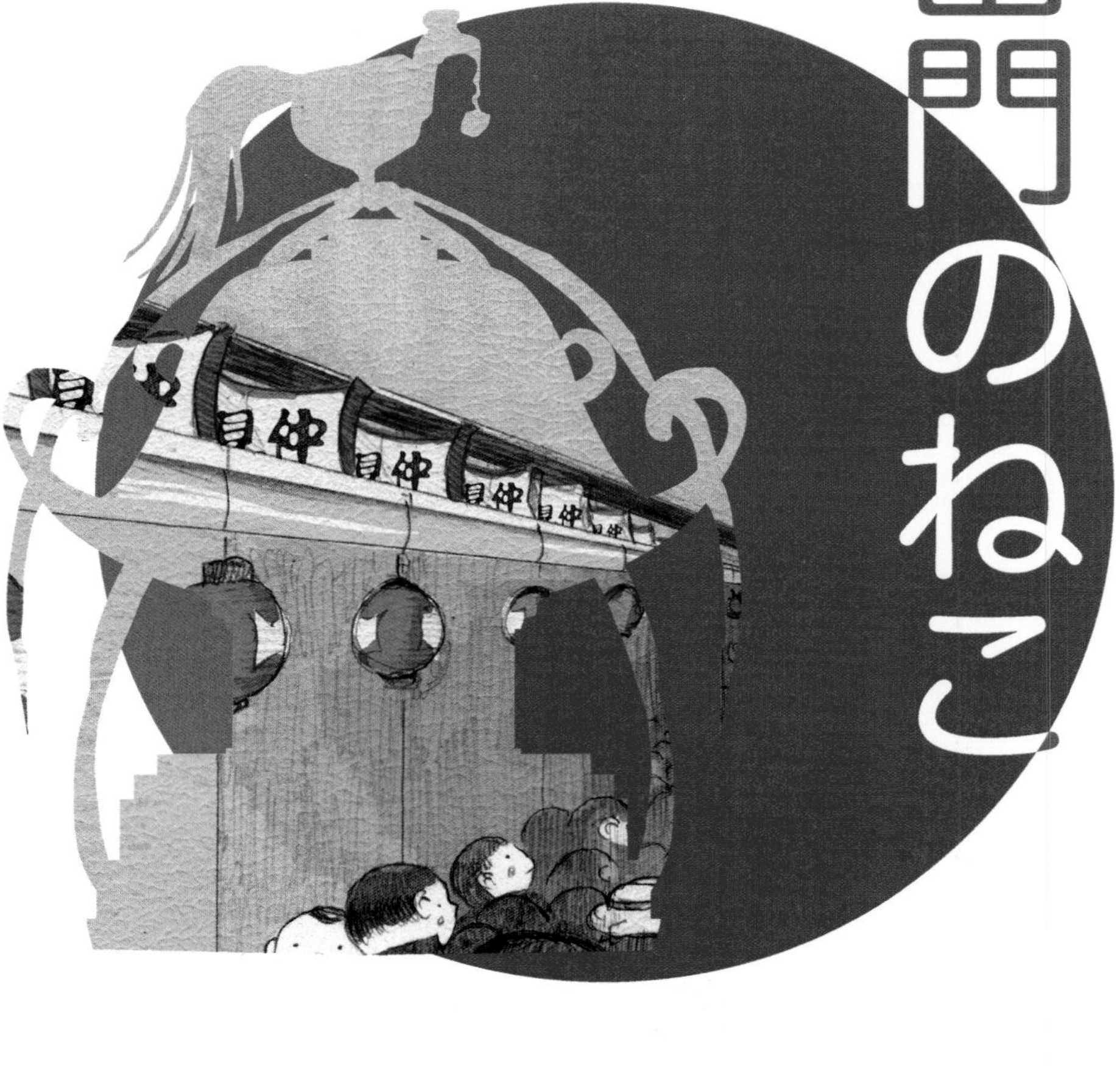

作: 山中彰子
挿絵: ジュディス・ロスケ
監修: 穴井宰子

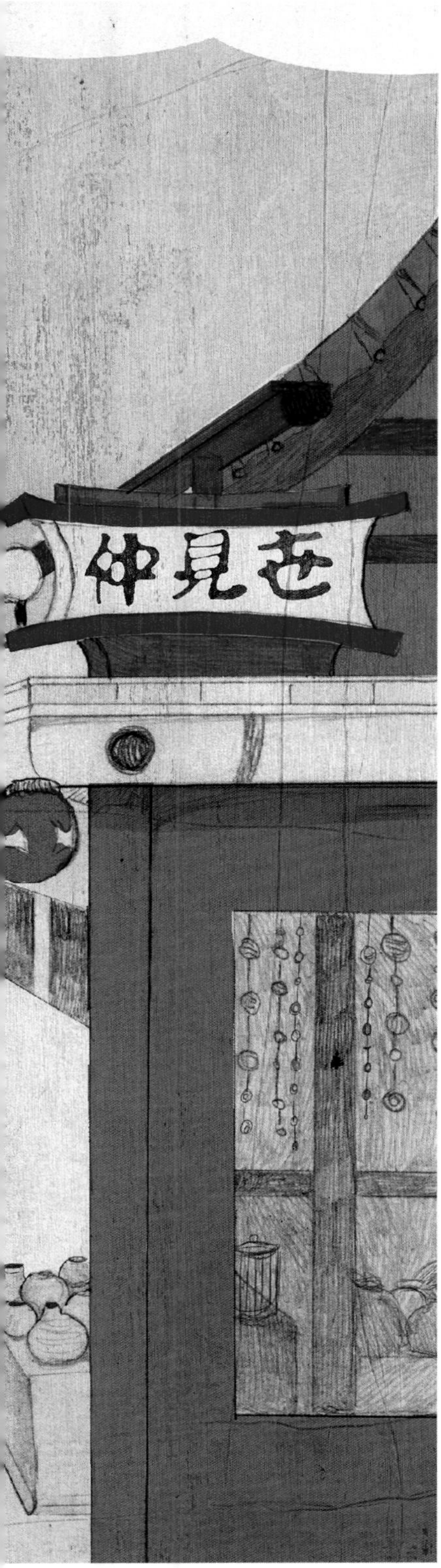

東京《とうきょう》に、浅草《あさくさ》という町《まち》があります。浅草《あさくさ》には浅草寺《せんそうじ》という東京《とうきょう》で一番古《いちばんふる》いお寺《てら》があり、その入《い》り口《ぐち》が、大《おお》きな提灯《ちょうちん》で有名《ゆうめい》な『雷門《かみなりもん》』です。雷門《かみなりもん》の右側《みぎがわ》には風神《ふうじん》の像《ぞう》、左側《ひだりがわ》には雷神《らいじん》の像《ぞう》が立《た》っています。雷門《かみなりもん》からお寺《てら》までは、お菓子《かし》やお土産《みやげ》を売《う》る小《ちい》さなお店《みせ》がぎっしりと並《なら》び、お客《きゃく》さんでいつも賑《にぎ》やかです。この通《とお》りを仲見世通《なかみせどお》りといいますが、仲見世通《なかみせどお》りをお寺《てら》の方《ほう》へ歩《ある》いていくと、煙《けむり》がもくもくとあがっているのが見《み》えます。大《おお》きな香炉《こうろ》にたくさんの人《ひと》がお線香《せんこう》を入《い》れて、煙《けむり》を出《だ》しているのです。古《ふる》くから、この煙《けむり》を体《からだ》にあてると病《やまい》が治《なお》ると言《い》われていて、大勢《おおぜい》の人《ひと》が煙《けむり》を浴《あ》びようと香炉《こうろ》のまわりに集《あつ》まってきます。

仲見世

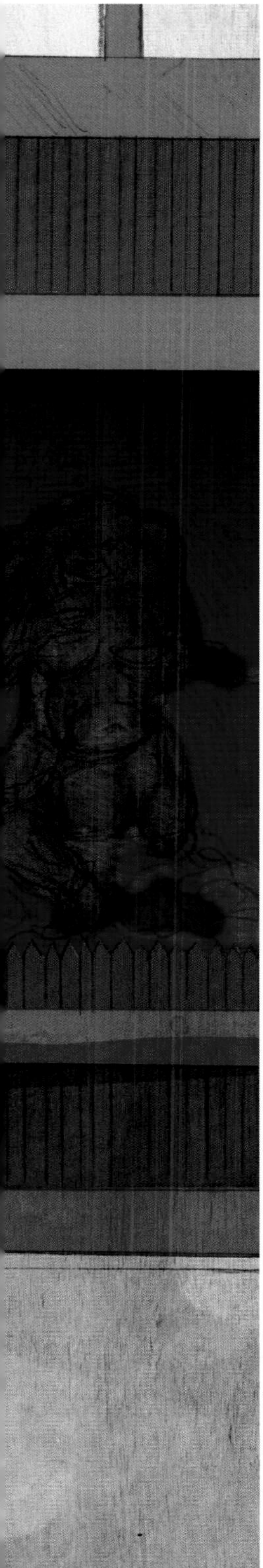

ある五月《ごがつ》の静《しず》かな朝《あさ》のことです。雷門《かみなりもん》には、まだ誰《だれ》もいません。そこへ背《せ》の高《たか》い若《わか》い男《おとこ》が、歩《ある》いてきました。水色《みずいろ》のジャケット《じゃけっと》を着《き》て、白《しろ》い帽子《ぼうし》を深《ふか》くかぶって、そして、黒《くろ》い大《おお》きな鞄《かばん》を持《も》っています。若《わか》い男《おとこ》は、雷門《かみなりもん》の前《まえ》に立《た》つと、赤《あか》い提灯《ちょうちん》を見上《みあ》げました。

しばらく雷門《かみなりもん》の前《まえ》に立《た》っていると、どこからか一匹《いっぴき》の黒《くろ》い猫《ねこ》がゆっくりと歩《ある》いてきました。猫《ねこ》は、若《わか》い男《おとこ》のまえに座《すわ》って、「にゃあ」と鳴《な》きました。突然《とつぜん》、あたりに強《つよ》い風《かぜ》が吹《ふ》き、若《わか》い男《おとこ》の帽子《ぼうし》が空高《そらたか》く飛《と》んでいきました。すると、どうしたことでしょう。

雷門《かみなりもん》が、だんだん大《おお》きくなって、男《おとこ》の体《からだ》がだんだん小《ちい》さくなっていきます。男《おとこ》は、驚《おどろ》いて、思《おも》わず持《も》っていた鞄《かばん》を落《お》としてしまいました。

金龍山
雷門

「まさるくん！」

すぐ近《ちか》くで、誰《だれ》かが呼《よ》びました。声《こえ》の方《ほう》を見《み》ると、男《おとこ》の子《こ》が立《た》っています。

「けんたくん。」

勝《まさる》くんと呼《よ》ばれた若《わか》い男《おとこ》は、思《おも》わず答《こた》えました。健太《けんた》は勝《まさる》の友《とも》だちでした。

「まさるくん。もうすぐお祭《まつ》りがはじまるよ。『人形《にんぎょう》やき』を食《た》べてお祭《まつ》りを見《み》に行こう。」

健太《けんた》は勝《まさる》の腕《うで》を引《ひ》っぱって言《い》いました。

『人形《にんぎょう》やき』は、餡《あん》がたくさん入《はい》った甘《あま》くておいしい東京《とうきょう》のお菓子《かし》です。いろいろな形《かたち》があって、浅草《あさくさ》では、浅草寺《せんそうじ》や雷神《らいじん》の形《かたち》をした人形《にんぎょう》やきを売《う》っています。

「やあ、健太《けんた》。いらっしゃい！」

人形《にんぎょう》やき屋《や》のおじさんが、二人《ふたり》を見《み》て言《い》いました。

「人形《にんぎょう》やきを四《よっ》つ。」

と、健太《けんた》は言《い》いました。

「勝《まさる》くんと健太《けんた》くんは、ケーキ《けーき》と人形《にんぎょう》やきと、どっちが好《す》き？」

お店《みせ》のおじさんが人形《にんぎょう》やきを袋《ふくろ》に入《い》れながら、いたずらっぽく聞《き》きます。

「もちろん、人形《にんぎょう》やきだよ！」

勝《まさる》と健太《けんた》は答《こた》えます。おじさんは、にこにこして人形《にんぎょう》やきの袋《ふくろ》をわたしてくれました。

「あら、健太《けんた》くんに勝《まさる》くん。」

勝《まさる》と健太《けんた》の後《うし》ろで声《こえ》がしました。勝《まさる》がふりかえると、早苗《さなえ》おばさんが立《た》っていました。

早苗《さなえ》おばさんは、人形《にんぎょう》やき屋《や》の隣《となり》で喫茶店《きっさてん》をやっています。

「健太《けんた》くん、勝《まさる》くん。その人形《にんぎょう》やき、私《わたし》のお店《みせ》で食《た》べていったら。」

早苗《さなえ》おばさんは、そう言《い》って喫茶店《きっさてん》に入《はい》っていきました。勝《まさる》と健太《けんた》は、おばさんの後《うし》ろからお店《みせ》へ入《はい》りました。おばさんは、すぐに二人《ふたり》にオレンジジュース《おれんじじゅーす》を出《だ》してくれました。

早苗《さなえ》おばさんは、いつも飲《の》み物《もの》をくれたり、お店《みせ》のすみっこで遊《あそ》ばせてくれたりするので、子《こ》どもたちに人気《にんき》があります。

「ありがとう。いただきます。」

勝《まさる》と健太《けんた》が人形《にんぎょう》やきを食《た》べている時《とき》です。

「そいや！　そいや！」

大《おお》きな声《こえ》がお店《みせ》の外《そと》から聞《き》こえてきました。

「お神輿《みこし》だ！　お祭《まつ》りが始《はじ》まったんだ！」

浅草《あさくさ》では五月《ごがつ》になると、三社祭《さんじゃまつり》という大《おお》きなお祭《まつ》りがあります。お祭《まつ》りは、三日間《みっかかん》続《つづ》き、その間《あいだ》、町《まち》には陽気《ようき》な笛《ふえ》や太鼓《たいこ》が響《ひび》き渡《わた》り、大行列《だいぎょうれつ》が踊《おど》りながら通《とお》りを歩《ある》きます。お神輿《みこし》は、神様《かみさま》の乗《の》り物《もの》で、男《おとこ》たちはお神輿《みこし》を肩《かた》に担《かつ》ぎ、時々《ときどき》激《はげ》しく揺《ゆ》さぶりながら町中《まちじゅう》を回《まわ》ります。

大急《おおいそ》ぎで人形《にんぎょう》やきを食《た》べると、健太《けんた》は、喫茶店《きっさてん》の外《そと》へ飛《と》び出《だ》していきました。勝《まさる》も外《そと》に出《で》ました。通《とお》りでは、たくさんの男《おとこ》たちが「そいや！　そいや！」と大《おお》きな声《こえ》を出《だ》しながら、お神輿《みこし》を担《かつ》いで進《すす》んで行《い》きます。

勝《まさる》と健太《けんた》も「そいや！　そいや！」と声《こえ》を出《だ》しました。

通《とお》りは、もう大勢《おおぜい》の人《ひと》でいっぱいです。お神輿《みこし》に触《さわ》ろうと手《て》を伸《の》ばす人《ひと》もいます。勝《まさる》と健太《けんた》は、お神輿《みこし》を、もっとよく見《み》ようと、浅草寺《せんそうじ》の階段《かいだん》をのぼりました。金色《きんいろ》に光《ひか》るお神輿《みこし》が、通《とお》りに集《あつ》まった大勢《おおぜい》の人《ひと》の上《うえ》を進《すす》んで行《い》きます。

「お神輿《みこし》について行《い》こう！」

健太《けんた》と勝《まさる》は、階段《かいだん》をかけ降《お》りて、お神輿《みこし》の後《あと》を追《お》いました。

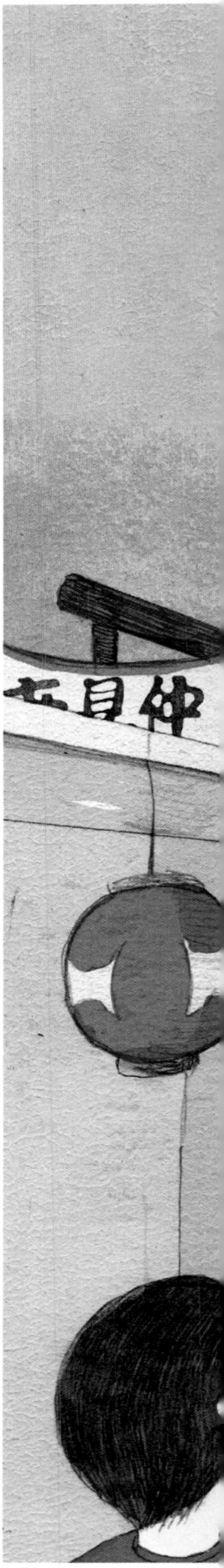

お神輿《みこし》の後《あと》について、勝《まさる》たちは、浅草《あさくさ》の町《まち》のあちこちを回《まわ》りました。そして、ちょうど、雷門《かみなりもん》まで来《き》た時《とき》です。突然《とつぜん》あたりに強《つよ》い風《かぜ》が吹《ふ》きました。勝《まさる》は、驚《おどろ》いて、健太《けんた》を呼《よ》びました。けれども、健太《けんた》は何《なに》も言《い》わないで、お神輿《みこし》と一緒《いっしょ》にどんどん遠《とお》くへ行《い》ってしまいます。勝《まさる》は、何度《なんど》も健太《けんた》を呼《よ》びました。その時《とき》、目《め》の前《まえ》の雷門《かみなりもん》が、だんだん小《ちい》さくなって、勝《まさる》の体《からだ》が、だんだん大《おお》きくなっていきました。いったい何《なに》が起《お》こったのかと、勝《まさる》は、びっくりして、あたりを見回《みまわ》しました。健太《けんた》もお神輿《みこし》も消《き》えて、雷門《かみなりもん》のまわりはすっかり静《しず》かになっていました。

雷

「夢《ゆめ》を見《み》ていたのかもしれないな。」
と、勝《まさる》は思《おも》いました。そして、鞄《かばん》と帽子《ぼうし》を拾《ひろ》って、歩《ある》き始《はじ》めました。
雷門《かみなりもん》の下《した》には、黒《くろ》い猫《ねこ》が、一匹《いっぴき》座《すわ》っていました。

The Grateful Crane

When a poor but happy old couple rescue an injured crane and later give shelter to a mysterious young woman, they find their kindness repaid in a magical and poignant way.

The Grateful Crane is an evocative tale of compassion, gratitude and the effect of our actions on others.

Prince Ushiwaka

Prince Ushiwaka (Minamoto no Yoshitsune) is one of the most beloved heroes in Japan. A skilful samurai, he defeated many enemies in the war-torn 12th Century.

Yoshitsune's story begins when he learns how his father was killed in battle by a rival clan. A lonely boy living in the mountains, Yoshitsune makes a pledge to be strong with his sword to avenge the past...

The Snow Queen

This classic tale begins when the Devil's disciples drop a magic mirror, which shatters into billions of pieces, making people's eyes see ugly things and their hearts freeze.

Two friends, Kai and Gerda, are happily playing as the broken glass enters Kai's eyes and heart, and transforms him into a cruel boy. Soon Kai encounters the formidable Snow Queen...

The Mystery of an Old Temple

A strange, sobbing mobile call leads Natsuki, Shota and Kyohei from their favourite cafe to visit a derelict old temple and graveyard. There they resurrect a fallen stone statue.

The Mystery of an Old Temple is an atmospheric story of three friends and supernatural events.

The Thunder Gate and a Cat

One quiet morning, a young man is standing at the gate of Tokyo's oldest temple where the gods of wind and thunder stand. When a black cat walks by and mews, a strong wind blows and extraordinary events start to take place! Is it all a dream? The cat is there throughout it all...

LRJ Levels	Characters per Story	Vocabulary Range (up to)	Europe - CEFR Levels	US - ACTFL Proficiency Guidelines
1	500 - 1500	500	A1	Novice
2	1500 - 2000	800	A2-1	Intermediate
3	2000 - 3000	1200	A2-2	Intermediate High
4	3000 - 5000	1500	B1-1	Advanced Low
5	5000 - 8000	2000	B1-2	Advanced Mid
6	8000 - 10000	3000	B2	Advanced High